Inhalt

Instandhaltung - weit mehr als nur ein Kostenfaktor

Kernthesen

Beitrag

Fallbeispiele

Weiterführende Literatur

Impressum

GENIOS WirtschaftsWissen Nr. 01 vom 18.01.2013

Instandhaltung - weit mehr als nur ein Kostenfaktor

Anja Schlatt

Kernthesen

- Instandhaltung ist heute ein wichtiger Teil der Wertschöpfungskette, der ebenso wie die Produktion alle Nachhaltigkeitsforderungen erfüllen muss.
- Übergeordnetes Ziel der Instandhaltung ist die höchstmögliche Maschinen- und Anlagenverfügbarkeit bei niedrigen Kosten, da ungeplante Fertigungsstillstände erhebliche Kosten verursachen.
- Um vorzubeugen statt zu reagieren und teure Anlagenausfälle zu vermeiden, rückt ein umfassendes Instandhaltungskonzept ins unternehmerische Interesse.

- Es stehen verschiedene Instandhaltungskonzepte zur Verfügung, die je nach Anlagenerfordernis zum Einsatz kommen.
- Dabei erfolgt die Steuerung der Instandhaltung in der Regel über Kennzahlen.

Beitrag

Vom Kostenfaktor zum Instandhaltungsmanagement

In den vergangenen Jahren hat sich ein Wandel vollzogen in der Instandhaltung. Wurde die Instandhaltung früher mit den Schwerpunkten Störungsbeseitigung und Funktionserhaltung als reiner Kostenfaktor gesehen, gewinnt mit dem enormen Kosten- und Wettbewerbsdruck das Instandhaltungsmanagement an Bedeutung. Die Instandhaltung gilt heute als wichtiger Teil der Wertschöpfungskette und muss ebenso wie die Produktion alle Nachhaltigkeitsforderungen erfüllen. Um vorzubeugen statt zu reagieren und teure Anlagenausfälle zu vermeiden, rückt ein umfassendes Instandhaltungskonzept ins unternehmerische

Interesse. Dabei bietet das Servicegeschäft für Hersteller und Serviceprovider über kundenindividuelle Lösungen ein breites Spektrum an Möglichkeiten, sich vom Wettbewerb zu differenzieren und den Kunden zu binden. (1), (2), (3), (4)

Unterschiedliche Instandhaltungskonzepte für höchstmögliche Maschinenverfügbarkeit bei geringen Kosten

Übergeordnetes Ziel aller Instandhaltungsmaßnahmen ist es, die höchstmögliche Maschinenverfügbarkeit bei geringen Kosten zu erreichen. Gerade die Gewährleistung der letzten Prozentpunkte der absoluten Maschinenverfügbarkeit verursacht hohe Kosten. In Abhängigkeit von den jeweiligen Anlagenerfordernissen lassen sich verschiedene Instandhaltungskonzepte unterscheiden. (5)

Bei der früher im Vordergrund stehenden reaktiven Wartung oder Maintenance werden defekte Bauteile erst nach Störungseintritt repariert oder ausgetauscht. Allerdings kann eine hohe Maschinenverfügbarkeit mit diesem Konzept nur erreicht werden, wenn die erforderlichen Ersatzteile vorrätig sind und qualifiziertes Personal zur Verfügung steht. (5), (6)

Bei vielen Systemen wird inzwischen die vorbeugende oder präventive Instandhaltung eingesetzt, bei der in festgelegten Zeitabständen Teile präventiv ersetzt werden, bevor die Maschine ausfällt. So können wartungsbedingte Stillstände zwar geplant und Ersatzteile frühzeitig besorgt werden, allerdings besteht weiterhin ein Restrisiko durch Verschleiß oder Schäden vor Ablauf des Wartungsintervalls. (5), (6)

Um die Maschinenverfügbarkeit zu erhöhen, wird häufig die prädiktive oder vorausschauende Instandhaltung angewandt - auch genannt zustandsbedingte oder Condition-Based-Maintenance (CBM). Bei der vorausschauenden Wartung werden verschleißrelevante Messgrößen wie beispielsweise Temperatur, Stromverbrauch oder Vibrationen erfasst, um einen drohenden Schaden rechtzeitig zu erkennen. Diese Strategie geht also davon aus, dass sich Anlagen- oder Systemstörungen in den meisten Fällen durch Veränderungen bestimmter Indikatoren ankündigen und entsprechend physikalisch messbar sind. Bei korrekter Erfassung und Interpretation dieser

Anzeichen können frühzeitig Maßnahmen getroffen, Ersatzteile bestellt und mit hoher Wahrscheinlichkeit der Systemausfall abgewendet werden. (5), (6)

Die zuverlässigkeitsorientierte Instandhaltung oder Reliability-Centered-Maintenance (RCM) kombiniert die genannten Konzepte und betrachtet zunächst das Ausfallrisiko je Bauteil, indem Ausfallwahrscheinlichkeit und Störauswirkung bewertet und gewichtet werden. Im Rahmen einer RCM-Analyse werden die verschiedenen Baugruppen klassifiziert in Risikoklassen, für die nachfolgend eine adäquate Wartungsstrategie festgelegt wird. Für Bauteile oder Maschinen mit hoher Risikoklasse bietet sich die hohe Investition einer vorausschauenden, zustandsbedingten Instandhaltung an, während weniger kritische Baugruppen oder Maschinen präventiv in fixen Zeitintervallen gewartet werden. Für Teile, deren Ausfall selten und deren Störauswirkung sehr gering ist, reicht entsprechend die kostengünstige reaktive Fehlerbehebung. (1), (6), (7)

Wichtige Kennzahlen zur Steuerung der Instandhaltung

Die wesentlichen Controllinggrößen für ein erfolgreiches Instandhaltungsmanagement stehen in

Abhängigkeit zueinander. So steigt die Maschinenverfügbarkeit aufgrund geringerer Stillstandszeiten (Meantime between Failures, MTBF) und kürzerer Reparaturzeiten Meantime to Repair, MTTR) bei sinkenden Kosten (Total Cost of Maintenance, TMC). (1), (8)

Die Ersatzteilversorgung ist entscheidend, die Bedarfsermittlung schwierig

Die Versorgung mit notwendigen Ersatzteilen spielt eine wesentliche Rolle, um die Instandhaltungsziele zu erreichen. Die After-Sales-Logistik gilt deshalb als entscheidender Erfolgsfaktor im Wettbewerb, so dass viele Unternehmen neue Logistikstrategien entwickelt haben und beständig an einer Optimierung der Ersatzteilversorgung arbeiten. Ein ebenso wichtiges Handlungsfeld besteht für die Hersteller in der Erstellung von Ersatzbedarfsprognosen. In der Praxis gestaltet sich die Abschätzung des zukünftigen Bedarfs an einzelnen Ersatzteilen häufig schwierig, Über- und Unterdeckungen verursachen unnötige Kosten. Mathematische Verfahren sind oft zu aufwendig, daher wird gerade in mittelständischen Unternehmen die Eindeckung mittels Fortschreibung aus der Vergangenheit oder aufgrund subjektiver

Einschätzung veranlasst. (2), (9)

Um die Belastung von Umwelt und Wirtschaft durch unnötige Herstellung von Ersatzteilen für Maschinen und andere Anlagen auf Verdacht zu verringern, wurde im vergangenen Jahr ein Forschungsprojekt Spare Parts on Demand (Ersatzteile auf Abruf) ins Leben gerufen. Ziel ist die Entwicklung neuer, umweltschonender und ökonomischer Verfahren zum Ersatzteilmanagement. Die Deutsche Bundesstiftung Umwelt (DBU) fördert das Projekt, weil durch erzielte Ressourceneinsparungen positive Effekte auf den Umweltschutz erreicht werden können. (10)

Trends

Immer komplexere, maßgeschneiderte Lösungen - veränderte Qualifikationsanforderungen

Um die Wahrscheinlichkeit von Fertigungsausfällen und deren Kosten zu mindern, fordern die Kunden von Investitionsgüterherstellern maßgeschneiderte Lösungen für ihren Maschinen- und Anlagenpark. Informationen und Daten zur Fehleranalyse, über

Betriebsabläufe, technische Parameter und Energieeffizienz sowie absolute Kostentransparenz werden inzwischen schon vorausgesetzt. Die zur Verfügung stehenden Mittel und Methoden sind vielfältig und greifen auf immer komplexere, neue technische Möglichkeiten zurück. Als Beispiele seien Hotlines und Callcenter, Support- und Diagnose-Software, cloudbasierte Lösungen und Apps genannt. Dennoch sind die vorhandenen Instrumente und IT-Lösungen vielfach noch nicht ausreichend, um die zunehmenden Anforderungen an die Instandhaltung komplexer Anlagen zu bewältigen und die IT-Sicherheit von Maschinen und Anlagen zu gewährleisten. Aufgrund des hohen Anteils der Instandhaltungskosten an den Betriebskosten ist höchste Effizienz gefordert, um die erforderlichen Produktivitätsziele zu erreichen. Potenziale sind vorhanden, wenn durchschnittlich achtzig Prozent der Instandhaltungsstunden von zwanzig Prozent der Maschinen in Anspruch genommen werden. Hier müssen künftige Entwicklungsschwerpunkte liegen. Gleichzeitig ist absehbar, dass sich dadurch die Qualifikationsanforderungen an Techniker und Ingenieure verschieben und erweitern werden. Die Komplexität der zu lösenden Aufgaben wird auch weiterhin wachsen! (4), (6), (7)

Fallbeispiele

Verbundprojekt ReVista: Ressourcen- und verfügbarkeitsorientierte Instandhaltungsstrategien

Im Verbundprojekt ReVista, gefördert vom Bundesministerium für Bildung und Forschung (BMBF), wurde ein System für eine ressourcenbewusste Instandhaltung entwickelt, welches in Echtzeit den Energieverbrauch von Anlagen sowie die Anlageneffektivität dokumentiert und grafisch veranschaulicht. Zusätzlich lassen sich die Ausfallwahrscheinlichkeit und das Abnutzungsverhalten einzelner Komponenten prognostizieren mit dem Ziel, Verlustursachen zu erkennen und energieeffiziente Einstellungen zu ermitteln.
Die Kennzahl Overall Equipment Effectiveness (Gesamtanlageneffektivität) wird mit Hilfe der Controllingsoftware Revista-Cockpit visualisiert. Im Kennzahlensystem $O(EE)^2$ wird zusätzlich auch die Energieeffizienz abgebildet. Die Aufgabe der Instandhaltung besteht darin, Maßnahmen abzuleiten und eine Verbesserung der Kennzahlen zu bewirken. Die von ReVista entwickelten Tools können in verschiedenen Branchen eingesetzt werden, um die jeweiligen Instandhaltungsstrategien zu optimieren.

Revista-Verbundprojektpartner:
*Act-in GmbH, Krefeld
*Act-in Maintenance GmbH, Krefeld
*MTU Friedrichshafen GmbH, Friedrichshafen
*RWTH Aachen, Werkzeugmaschinenlabor WZL
*Teekanne GmbH & Co. KG, Düsseldorf
*Teepack Spezialmaschinen GmbH & Co. KG, Meerbusch
*Weso-Aurorahütte GmbH, Gladenbach (12)

Müller Martini (Schweiz): Service MM-Inspect für Druckweiterverarbeitungs-Systeme

Im Rahmen des Service-Bausteins MM Inspect wird eine präventive Wartung in festgelegten Zeitabständen mit dem Kunden vereinbart in Abhängigkeit von der Schichtlaufzeit der Maschine. Ein Softwaretool unterstützt den standardisierten Inspektionsablauf und liefert dem Anwender eine aussagefähige Dokumentation inklusive grafischer Gegenüberstellung des Maschinen-Soll- und Istzustandes, deren periodischer Vergleich wertvolle Informationen liefert. Eine ampelähnliche Farbhinterlegung verdeutlicht den Handlungsbedarf:

Rot weist zum Beispiel auf unmittelbaren Handlungsbedarf hin, um Schaden an Mensch und Maschine abzuwenden. Darüber hinaus erhält der Kunde auf Basis der Inspektionsdaten Vorschläge zu Modernisierungs- oder Umbaumaßnahmen. (3)

Vanderlande Industries: Mobile Maintenance Solution

Die mobile Maintenance Solution von Vanderlande Industries (Materialflusssysteme) verknüpft Scada (Supervisory Control and Data Acquisition, elektronisches System zur Überwachung von technischen Prozessen) und Enterprise-Asset-Management-Softwareprodukte wie IBM Maximo. Mit Hilfe mobiler Endgeräte können die Kunden, in diesem Fall das Wartungspersonal am Flughafen Heathrow Terminal 5, über WiFi oder GPRS von ihrem jeweiligen Standort aus die Systemleistung überwachen und sind jederzeit verbunden mit dem Asset-Management-System. (13)

TNT Innight: beliefert Bauknecht Servicetechniker über Nacht

Bauknecht hat den Dienstleister TNT Innight mit der

Kofferraumbelieferung des Werkskundendienstes mit Ersatzteilen über Nacht beauftragt. Gleichzeitig übernimmt TNT Innight die durchgängige Sendungsverfolgung von Rücksendungen. (14)

Weiterführende Literatur

(1) Effiziente Geschäftsorganisation (EGO) - Folge 4 Optimierte Instandhaltung dank EGO
aus www.process.de vom 17.08.2012

(2) Der Ersatzteilfluss entscheidet
aus DVZ, Nr. 122 vom 23.10.2012

(3) Serviceplan für "Langläufer"
aus Deutscher Drucker Nr. 38 vom 13.12.2012 Seite 12

(4) Produktivitätsbewertung von Serviceprodukten Innerhalb technischer Produkt-Service-Systeme
aus Zeitschr. f. wirtsch. Fabrikbetrieb, Heft 12/2012, S. 916-919

(5) Expertenwissen für Jedermann Anspruchsvolle Berechnungen standen der Zustandsüberwachung von Maschinen lange im Weg. Ein Modul zur Vibrations-analyse soll das ändern. Anspruchsvolle Berechnungen standen der Zustandsüberwachung von Maschinen lange im Weg. Ein Modul zur Vibrations- analyse soll das ändern.
aus KOPRA Nr. 011 vom 20.11.2012

(6) Höchste Verfügbarkeit undSicherheit für Produktionsanlagen
aus KOPRA Nr. 011 vom 20.11.2012

(7) Risiko als Kriterium
aus KOPRA Nr. 011 vom 20.11.2012

(8) Wie Getrag Ford bei Instandhaltung und Ersatzteilmanagement Zeit und Kosten reduziert Keine Spur von Sand im Getriebe
aus Industrieanzeiger, Heft 25, 2012, S. 30

(9) Heuristikbasierte Ersatzteil-bedarfsprognosen
aus Productivity Management, Nr. 5, 2012, S. 58-61

(10) Effektives ErsatzteilmanagementSchutz von Wirtschaft und Umwelt
aus Productivity Management, Nr. 5, 2012, S. 58-61

(11) Instandhaltung Zeitgemäße Strategien für die Instandhaltung von Logistikanlagen
aus www.maschinenmarkt.de vom 07.11.2012

(12) Effizienzfabrik Transparente Daten als Basis für mehr Effizienz in der Produktion Veranstaltungstipp
aus www.maschinenmarkt.de vom 05.11.2012

(13) Mobile Maintenance Solution integriert Scada und Wartungsmanagement
aus MM Nr. 046 vom 12.11.2012

(14) Ersatzteile für den Kofferraum
aus DVZ, Nr. 01-002 vom 04.01.2013

Impressum

Instandhaltung - weit mehr als nur ein Kostenfaktor

Bibliografische Information der deutschen Nationalbibliothek

Die Deutsche Nationalbibliothek verzeichnet diese Publikation in der deutschen Nationalbibliografie; detaillierte bibliografische Daten sind im Internet über http://dnb.d-nb.de abrufbar.

ISBN: 978-3-7379-1137-5

© 2015 GBI-Genios Deutsche Wirtschaftsdatenbank GmbH, Freischützstraße 96, 81927 München, www.genios.de

Alle Rechte vorbehalten. Dieses Werk ist einschließlich aller seiner Teile – z.B. Texte, Tabellen und Grafiken - urheberrechtlich geschützt. Jede Verwertung außerhalb der Grenzen des Urheberrechtsgesetzes bedarf der vorherigen Zustimmung des Verlags. Dies gilt insbesondere auch für auszugsweise Nachdrucke, fotomechanische Vervielfältigungen (Fotokopie/Mikroskopie), Übersetzungen, Auswertungen durch Datenbanken oder ähnliche Einrichtungen und die Einspeicherung und Verarbeitung in elektronischen Systemen.